SPRÜCHE-KLOPFER?

INSPIRATION DURCH PROVOKATION

2

Daniel Hoch

© 2020 Daniel Hoch

Umschlaggestaltung: honigbart°, Jürgen Schulz

Lektorat/Korrektorat: Lisa Billing

Verlag: Erfolgshoch Verlag (Inh. Daniel Hoch),
                        Karl-Liebknecht-Straße 66, 04275 Leipzig

Druck: tredition GmbH, Hamburg

ISBN Paperback: 978-3-948767-27-3
ISBN E-Book: 978-3-948767-28-0
ISBN Hörbuch: 978-3-948767-42-6

Bibliografische Information der Deutschen Nationalbibliothek:
Die Deutsche Nationalbibliothek verzeichnet diese Publikation
in der Deutschen Nationalbibliografie; detaillierte bibliografische
Daten sind im Internet über http://dnb.d-nb.de abrufbar.

Inhalt

Vorwort   1

SPRÜCHEKLOPFER?   5

Fazit   111

Über den Autor   113

Vorwort

„Oft bist Du nicht wirklich müde.
Die Dinge, die Du tust, sind lediglich ermüdend."

Das merkst Du vor allem abends, wenn Dein Kopf total platt ist und Du denkst, dass einfach gar nichts mehr geht. Wenn Du Dich dann doch noch aufraffst, um zum Fitnesskurs, Laufen oder um zum Tennis zu gehen, merkst Du, dass Du noch total viel Energie hast. Das liegt daran, dass meist nur Dein Kopf platt ist und nicht Dein Körper.

Und wenn Du für die richtige Sache brennst und diese auch tust, dann fühlst Du von morgens bis abends Leichtigkeit. Du machst freiwillig Überstunden ohne Ende und einfach noch mehr. Du brennst einfach weiter, weil Du dann nicht darüber nachdenkst, dass Du Dich ja eigentlich ausruhen musst. Dann geht's richtig vorwärts. Du musst lediglich aufpassen, dass Du nicht übertreibst und Deine komplette Energie total raushaust. Und deshalb: Suche Dir Aufregendes und schmeiß Deinen Motor an.

Und damit grüße ich Dich und freue mich, dass Du den zweiten Teil von „Sprücheklopfer?" in den Händen hältst. Kurz zu Beginn: Ich hoffe und denke, dass ich Dich „duzen" darf. Das mache ich auch in jedem meiner Einzelcoachings, Seminare und Vorträge, denn ich möchte mit jedem Menschen, der mir gegenübersteht oder eben eines meiner Bücher liest, einen ganz direkten und persönlichen Kontakt. Vor allem bei einem Buch wie dem Sprücheklopfer, ist mir das besonders wichtig. Denn ich möchte Dich und Dein Denken mit meinen provokanten und zum Teil recht derben Sprüchen anregen, herausfordern und inspirieren. Bist Du bereit, Dich darauf einzulassen?

Warum eigentlich Sprücheklopfer? Mein Publikum kennt mich genau so: charmant, witzig und zugleich provokant und tabulos. Ich haue raus, was mir in den Sinn kommt. Da sind oft Sätze dabei, die es so in sich haben, dass sie zum Dreh- und Angelpunkt des Coachings werden. Diese Sprüche sind so treffend und prägen sich sofort ein, dass ich sie unbedingt festhalten will. Das mache ich seit vielen Jahren und inzwischen fülle ich mit ihnen ein zweites Buch. Ja, und wofür?

Ganz einfach. Mir liegt es absolut am Herzen, Menschen unterschiedliche Möglichkeiten zur Reflexion zu geben. Und was soll ich sagen, die Sprücheklopfer haben dieses Potenzial. Auch Dir möchte ich die Chance geben, Dich zu hinterfragen und Dein Denken auf den Kopf zu stellen. Es geht mir dabei um kein „richtig" und „falsch". Ich sag Dir weder was Du tun, noch was Du lassen sollst. Das hier ist kein Ratgeberbuch, kein heiliges Dokument und Du bekommst keine vorgefertigte Meinung. Mit meinen Sprüchen und dem kurzen Input dazu, gebe ich Dir die Möglichkeit, Deinen Blick in eine neue Richtung zu wenden und neue Möglichkeiten zu sehen. Was Du letztendlich daraus machst, ob Du es als totalen Mist abwinkst, öfter drüber nachdenkst oder vielleicht sogar überlegst, was das für Dein zukünftiges Handeln und Denken bedeutet, liegt einzig und allein bei Dir. Wenn Du wirklich nicht mehr weiter weißt, dann schreib mir eine Mail an presse@danielhoch.com oder rufe mich unter der Nummer 0176 80 34 00 66 an und stelle Deine Frage.

Es ist durchaus möglich, dass der ein oder andere Spruch Ähnlichkeit mit einem bereits existierenden Zitat hat. Ich habe alles getan, um zu überprüfen, ob mein Spruch eine Erinnerung oder eine Wiederholung eines anderen Zitats ist. Wenn das bei einem Spruch der Fall sein sollte, dann verneige ich mich vor dem Urheber und freue mich, dass wir die gleichen Gedanken haben. Wenn ich jemandem Unrecht getan habe, dann definitiv nicht mit Absicht. Kontaktiere mich bitte unter: presse@danielhoch.com.

Ich wünsche mir, dass jede/r, der sich durch meine Sprüche inspiriert fühlt, diese weiterträgt und teilt, auch gern meinen Namen darunter schreibt und mich zitiert. Liebevoller Dank.

Leben heißt, dass Du Dich entwickelst. Ob Du es direkt forcierst oder nicht, spielt dabei zunächst keine Rolle. Aktive Selbstreflexion und Persönlichkeitsentwicklung sorgen allerdings dafür, dass Du Dich in die Richtung weiterentwickelst, die Du wirklich willst und die mehr Deinem Ziel entspricht. Zur persönlichen Entwicklung gehören immer auch ungemütliche Fragen und Gedanken. Ich verstehe vollkommen, dass Du diesen selber eher ausweichst. Ich möchte Dir dabei helfen, Dich auch den ungemütlichen Dingen zu stellen und Dich zu konfrontieren. Ich präsentiere Dir in diesem Buch insgesamt 52 Sprücheklopfer. Bist Du bereit für diese Herausforderung? Willst Du das? Wenn ja, dann lies weiter. Wenn nicht, dann sende das Buch lieber an mich zurück.

Und nun, los geht's. Kein Gelaber mehr. Stürz Dich hinein und lass Dich inspirieren.

Sprücheklopfer oder Macher?
Du entscheidest.

SPRÜCHEKLOPFER?

„Was kommt,
ist immer eine
Bereicherung,
was geht, oft eine
Erleichterung."

Egal, was in Dein Leben kommt, es ist eine Bereicherung. Wenn das, was Du bekommst, positiv ist, bereichert es Dich, weil Du etwas hinzugewinnst. Wenn Du etwas Negatives bekommst, dann dafür, dass Du noch lernen darfst, damit es beim nächsten Mal eben nicht negativ ist. Oder das Negative ist dafür da, dass Du Demut behältst. Es ist also entweder ein Geschenk, weil Du bekommst, was Du willst, oder es ist eine Möglichkeit, zu lernen.

Was weg geht, ist eine Erleichterung, denn warum sollte es sonst gehen? Wenn es etwas Negatives ist, das aus Deinem Leben geht, dann bedankst Du Dich, denn Du bist es losgeworden. Ist es etwas Positives, das aus Deinem Leben geht, frag Dich, warum etwas Positives geht. Wahrscheinlich macht es Platz für etwas anderes.

„Wenn wir morgen wissen, dass früher alles besser war, müssten wir heute glücklich sein."

Du kennst das von älteren Leuten, vielleicht auch von Deinen eigenen Großeltern, die immer wieder sagen, dass früher ja alles viel besser und viel leichter war. Früher, früher, früher. Immer wieder die gleiche Leier. So viele Menschen und manchmal wahrscheinlich auch Du selbst, sagen, dass es früher so viel leichter war.

Und ja klar! Rückblickend sieht's auch immer leicht aus, vielleicht auch leichter, als es tatsächlich war. Denn Du vergisst gern, was schwer war. Früher hast Du Dir vielleicht auch weniger einen Kopf darum gemacht. Inzwischen hast Du gelernt, wie Du mit den Herausforderungen von gestern umgehst. Das Leben und auch Du entwickelst Dich immer weiter. Die Frage ist also nicht, was früher besser war, sondern viel eher: Was kannst Du heute tun, damit Du zukünftig sagst, dass es früher einfach geil war und somit auch heute ist?

„Dein größter
Zeitdieb bist
Du selbst.
Du willst
einfach zu gerne
gebraucht werden."

Häufig hast Du das Gefühl, dass der Tag nicht genügend Stunden hat, dass Du nicht mit den wichtigen und dringenden To-Dos hinterherkommst, dass Sachen liegen bleiben, dass Du vieles einfach nicht abgearbeitet bekommst und bei den wirklich wichtigen Sachen nicht so wirklich vorwärts kommst. Wenn auch Du dieses Gefühl hast, dann liegt es vielleicht daran, dass Du einfach zu gerne gebraucht wirst. Weil Dir das gebraucht-werden ein tiefes Gefühl von Anerkennung und Wertschätzung gibt. Wenn Du nichts mehr für andere zu tun hättest, dann würdest Du auch nicht mehr gebraucht werden. Und wenn Du nicht mehr gebraucht wirst, wofür bist Du dann noch auf der Welt?

Und damit steckst Du im alten Denken fest. Du denkst, dass Du auf der Welt bist, um gebraucht zu werden, um anderen Gutes zu tun, um wichtig zu sein und um Sinnvolles und Verwertbares zu tun. Natürlich stimmt das auch, dass Du anderen Gutes tun willst und sollst, nur oftmals steckst Du nur in diesem einem Sinn des Lebens fest.

Das ganze machst Du, um Dich sicher zu fühlen, immer unter dem Deckmantel der Demut. Du willst anderen Gutes tun. Damit schaffst Du Dir unbewusst und automatisch eine Abhängigkeit. Du tust alles, um Dein Leben so zu strukturieren, dass Du gebraucht wirst, da Du sonst einfach nicht weißt, was Du tun sollst. Sei es, dass Du Dich für Deinen Partner, Deine Freunde oder Deinen Job aufopferst und Dich so zu einem unverzichtbaren Bestandteil machst.

„Wenn Du weißt,
wer Du morgen
sein willst, dann
weißt Du auch,
was Du heute
dafür tun musst."

Es geht nicht nur darum, zu wissen, wo Du herkommst. Die wichtigere Frage ist: Wo willst Du hin? Dementsprechend geht es auch beim Thema Authentizität nicht darum, wer Du heute bist, sondern wer Du morgen sein willst. Wenn Du weißt, was Du willst und wer Du morgen sein willst, dann weißt Du auch, was heute zu tun ist.

Oftmals höre ich Aussagen wie „Ich bin halt so", „Ich kann das nicht" oder „Das passt nicht zu mir." Dann stelle ich immer gern folgende Gegenfragen:

1. Hast Du denn grundlegend Bock darauf?

2. Was passiert, wenn Du wüsstest, wie Du es bekommst? Würdest Du es dann machen?

3. Wenn Du wüsstest, dass es leichter geht, als Du denkst, würdest Du Dich dann weiterentwickeln?

4. Was ist, wenn Du eigentlich schon alles in Dir hast, um es zu erlangen? Und Du bist es nur nicht gewohnt, einen anderen Weg zu gehen?

Diese Fragen helfen Dir, Dein individuelles Potenzial besser auszuschöpfen. Meist blockierst Du Dich vor allem selbst.

„Es geht um die richtige Gewohnheit und nicht um die gewohnte Richtung."

Wir Menschen bedienen uns der Möglichkeit der wiederholenden Rituale und Abläufe. Diese führen irgendwann zu Gewohnheiten. Gewohnheiten sind an sich etwas Positives, weil sie uns helfen, nicht ständig nachdenken zu müssen, was wir denken und tun. Nur hast Du Dir auch Gewohnheiten angeeignet, die Dich nicht wirklich vorwärts bringen, oder sogar abhalten. Durch Dein Selbstmanagement und die regelmäßige Reflexion erkennst Du, welche Gewohnheiten Dich in die richtige Richtung bringen und welche einfach nur gewohnt sind und nichts bringen. Hier ist die Reflexion wichtig, um Dir neue Gewohnheiten anzugewöhnen, die Dich eher in die Richtung bringen, die Du wirklich möchtest. Die neuen Gewohnheiten lösen Stück für Stück die alten ab oder bilden ein Gegenstück, so dass Du immer die Wahl hast, welche Gewohnheit Du gerade nehmen möchtest.

Merke: Die Gewohnheiten im Kleinen sorgen für die Erfolge im Großen. Reflektiere im Sinne eines wirkungsvollen Selbstmanagements deshalb immer wieder, welche Gewohnheiten Dich Deinem Ziel tatsächlich näher bringen und welche einfach nur ganz nett sind.

„Wenn Du zum
Richtigen JA sagst,
brauchst Du
nicht lernen,
zum Falschen NEIN
zu sagen."

Du widmest Dich oft den kleinen und dringenden Dingen oder den Dingen für andere. Oftmals entsteht das Gefühl, dass Du endlich „Nein" sagen willst. Nein zu den kleinen Dingen, weil Du endlich die großen im Leben anpacken willst. Nein zu den anderen, weil Du nicht deren Dinge tun willst, sondern Deine eigenen und mehr von dem, was Du wirklich möchtest und für sinnvoll hältst. Nur warum beschäftigst Du Dich denn immer wieder mit den kleinen Dingen oder den Dingen der anderen? Dem auf den Grund zu gehen, würde das Buch sprengen. Die Inspiration an dieser Stelle ist: Du brauchst nicht lernen, wie Du zu anderen „Nein" sagst. Du solltest eher lernen, wie Du zu Dir, Deinem Sinn im Leben und den Dingen, die Du tun möchtest, „Ja" sagst. Lerne, Dich mehr auf das zu konzentrieren, zu dem Du „Ja" sagst, anstatt zu lernen, zu dem „Nein" zu sagen, das Du nicht möchtest.

Du sagst immer wieder „Nein", oder „Das muss ich später machen." Du siehst immer nur das, was Du nicht möchtest. Meist fehlt dazu das bejahende Gegenstück: Wozu sagst Du denn dann „Ja"? Je mehr Du lernst, Dinge zu tun, die Du möchtest und zu denen Du ganz klar „Ja" sagst, umso weniger Zeit hast Du, andere Dinge zu tun. Und umso weniger Möglichkeiten hast Du, zu Dingen automatisch „Ja" zu sagen, die Du eigentlich gar nicht willst.

„Vielleicht spielen manche Menschen mit den Gefühlen anderer, weil sie von den eigenen zu stark beherrscht werden oder weil sie einfach zu starr sind, um mit den eigenen Gedanken zu spielen."

Es wird extrem negativ wahrgenommen, wenn Du mit den Gefühlen anderer spielst, machst, was Du willst, ausprobierst, Grenzen überschreitest und auch schamlos Knöpfe drückst, bei denen Du weißt, dass sie dem anderen nicht gut tun.

Wenn Du mit fremden Gefühlen spielst, weil Du Dich damit leichter tust, zeigt es immer Deine eigene Starrköpfigkeit und Unflexibilität.

Wenn Du mit den Gefühlen anderer spielst, um sie zu ärgern, wehzutun oder eins auszuwischen, dann liegt das immer an Deinem fehlenden Selbstwert.

Du provozierst, belastest, nutzt aus und spielst mit den Gefühlen anderer, weil es Dir bei fremden Gefühlen leichter fällt, Dinge auszuprobieren.

Deine eigenen Gefühle beherrschen Dich so sehr, dass Du den Handlungsspielraum und die Möglichkeiten bei Dir selbst nicht siehst. Vielleicht hast Du auch zu viel Respekt oder gar Angst, ein wenig mit Deinen eigenen Gefühlen zu spielen. Das meine ich nicht im negativen, sondern im positiven Sinn, dass Du durch das Spiel mit den eigenen Gefühlen flexibler wirst.

„Aus Eigennutz
Gutes zu tun,
heißt nicht,
dass Du ein guter
Mensch bist."

Wenn Du aus Eigennutz Gutes tust, heißt das lediglich, dass Du gut darin bist, eigennützig zu sein. Eigennutz an sich ist nicht schlecht. Er ist gut, so lange er auch dem anderen nutzt. Denn ein guter Mensch verhält sich wohlwollend ALLEN gegenüber. „Allen" heißt inklusive Mitmenschen und sich selbst. Das entspricht ganz meinem Gewinn-Gewinn-Prinzip. Dieses besagt, dass alle gewinnen müssen, Du, ich und wir beide. Wenn nicht alle gewinnen, dann verlieren auch alle. Auch, wenn Du als alleiniger Sieger kurzfristig das Gefühl hast, dass Du ja bekommen hast, was Du willst, verlierst Du letztendlich. Denn auf langfristige Sicht fliegt es Dir dann meist doppelt und dreifach wieder um die Ohren.

Außerdem: Was Du in die Welt rausschickst, kommt auch immer wieder zu Dir zurück. Wenn Du nur aus egoistischem Eigennutz heraus handelst, dann bekommst Du in Dein Leben ebenfalls Menschen, die aus egoistischem Eigennutz heraus handeln.

„Die wichtigste
Erkenntnis ist:
Die eigenen Fähigkeiten
als realistisch
einzuschätzen,
ist keine besonders
gute Fähigkeit,
denn sie ist schlichtweg
nicht möglich."

Du kannst Deine Fähigkeiten einfach nicht realistisch einschätzen. Du nimmst sie immer nur über Deine eigene Wahrnehmung über Dich selbst wahr. So, wie Du Dich grundsätzlich siehst, nimmst Du auch Deine Fähigkeiten wahr. Das ist lediglich Deine Wahrnehmung und Deine Wahrheit. Hinzu kommen immer noch die Einschätzung der anderen und der blinde Fleck Deiner Psyche. Du kannst Dich selbst einfach nicht realistisch einschätzen.

Deswegen führe ich in Unternehmen immer 365°-Feedbacks ein. Ich frage den Mitarbeiter selbst, wie er sich einschätzt, dann kommt meine Einschätzung, dann die des Chefs, der Führungskraft und die Einschätzung aller anderen. Das Feedback erfolgt also von oben, unten, links, rechts und von ihm selbst. Weniger reicht nicht.

„Nutze Deine Zeit,
Geld und Nerven mehr
FÜR als GEGEN etwas."

Heutzutage sind die meisten Menschen immer gegen etwas, wahrscheinlich auch Du. Du versuchst nach wie vor, Risiko zu vermeiden und siehst eher die negativen Dinge, statt die positiven. Du stehst eher dafür ein, gegen etwas zu sein, als dafür. Du demonstrierst GEGEN Arbeitslosigkeit, GEGEN die Unterbezahlung, GEGEN die Diskriminierung von Frauen, GEGEN den Plastikmüll, GEGEN Krieg ... Wäre es nicht viel sinnvoller FÜR Gleichberechtigung oder FÜR Umweltschutz zu demonstrieren?

Wenn Du immer gegen etwas bist, respektierst Du den anderen nicht, denn Du willst Dein Denken durchdrücken. Du bist voll im Entweder-oder-Denken, ganz nach dem Motto: „WIR oder DIE?" Das ist nicht die beste Voraussetzung dafür, dass der andere, gegen den Du bist, auf Dich und Dein Bedürfnis eingeht und sagt: „Ok, dann versuchen wir eine gemeinsame Lösung zu finden." Die Entweder-oder-Haltung ist nur ein Kämpfen, ein Du oder ich, ein Siegen oder Verlieren.

Statt Probleme zu bewerkstelligen, solltest Du lieber Lösungen suchen und dadurch Möglichkeiten und Chancen finden. Versuche nicht, Probleme und Fehler zu vermeiden. Sie werden immer wieder auftreten. Du solltest lieber lernen, mit Fehlern umzugehen, statt sie nur zu vermeiden. Denn oft steckt in den Fehlern auch eine riesengroße Chance. Konzentriere Dich lieber gleich auf das Schöne und Tolle und mach das Beste aus Problemen, wenn sie auftreten.

„Standard ist
kein Zustand,
sondern
Standard ist
die Veränderung."

Oft sagst Du, dass Du einen bestimmten Standard erreichen und dann erhalten möchtest. Sei es ein großes Haus, ein Job mit einem guten Gehalt, Deine Partnerschaft. Ich höre oft: „Diesen Standard will ich nicht mehr hergeben!" Der Standard wird damit zu einem festen Zustand, der bestehen soll. Das Leben ist allerdings kein Zustand, sondern konstante Veränderung. Die Welt dreht sich immer weiter, das Wasser fließt unaufhörlich, die Sonne geht auf und unter, die Welt und die Menschen werden sich immer wieder und immer weiter verändern. So ist die ständige Veränderung die eigentliche Konstante, der Standard. Je eher Du das verstehst und kapierst und nicht nur akzeptierst, sondern wirklich respektierst, hast Du die Chancen und die Möglichkeiten diesen riesigen Fundus auch wahrhaftig auszuschöpfen und zum Schöpfer Deines Lebens zu werden. So wirst Du wahrhaftig vollkommen.

Veränderung passiert nicht nur einmal, er ist Standard. Waren die früheren Zeiten noch sehr langlebig und sind linear verlaufen, so leben wir heute in einem komplexen Chaos und mit einem konstanten Wandel.

„Ich möchte
etwas schaffen,
das es schafft,
etwas zu schaffen,
ohne, dass ich was
schaffen muss.
Dann habe ich
es geschafft."

Lebensmotto Generation Y

Die Generation Y will frei und autonom entscheiden. Fester Arbeitsplatz und feste Arbeitszeit? Nö. Die Arbeit muss und soll nicht ihr komplettes Leben bestimmen. Die anderen Lebensbereiche sind genauso wichtig, oder sogar wichtiger. Das Leben bestimmt das Leben und die Arbeit bestimmt die Arbeit. Die Generation Y definiert sich nicht mehr anhand der beruflichen Leistung in Form von geleisteten Arbeitsstunden. Passt doch so, reicht so, für die individuelle Selbstentfaltung eher nach Hause gehen. Kaum im Job, schon wird das erste Sabbatical geplant. Das kann doch nicht wahr sein! Dürfen die das?

Verdammt nochmal, ja! Und genau das, was die Generation Y will, ist absolut richtig. Warum müssen wir uns immer quälen? Warum müssen wir immer um etwas kämpfen? Vielleicht geht es auch leichter, als bisher gedacht und genau dafür braucht es Menschen, die dynamisch, unvoreingenommen und experimentierfreudig sind. Und egal, was vorher war, sie probieren es trotzdem! Es braucht die, die es auf dem leichten Weg probieren. Wenn der leichte Weg nicht geht, dann gibt es den schwereren ja immer noch. Nur, warum müssen wir alle immer erst den schweren Weg nehmen, bevor wir den leichteren erkennen?

„Nicht
BESSER machen,
sondern
besser MACHEN."

Du versuchst das, was Du machst, besser zu machen. Häufig bleibst Du in der Dauerschleife des Perfektionismus hängen und kommst einfach nicht raus. Was Du eh schon machst, versuchst Du, noch besser, ja perfekt, zu machen, statt vielleicht etwas Neues zu machen, das das Alte komplett in den Schatten stellt.

Was bringt es Dir, lange zu überlegen, wie Du es bessermachst, wenn der andere schon vorwärts geht. Es geht ums Tun, statt darum, ewig zu überlegen, wie Du es bessermachen *könntest*. Mach es einfach! Los! Die Optimierungsmöglichkeiten entdeckst Du immer erst im Tun, nicht im Denken. Was, verdammt nochmal, bringt es Dir, immer ewig nachzudenken?

„Nicht was Du tust,
ist entscheidend,
sondern die Qualität
Deiner Gedanken
und Dein Fokus."

Die Qualität Deiner Gedanken und Deines Fokus sorgen dafür, ob, was und wie Du es tust. Es kommen immer erst Deine Gedanken und danach Deine Handlung. Deine Handlung führt zu einem Ergebnis und dieses beeinflusst wiederum Deine Gedanken, die dann wieder Deine Handlung beeinflussen ...

Deine Gedanken, Handlungen und deren Ergebnisse stehen in einem zirkulären Zusammenhang. Dadurch beeinflussen eben auch die Ergebnisse Deines Tuns und Deiner Gedanken wieder Deine Gedanken. Das heißt, Du findest immer die Beweisstücke Deiner Gedanken da draußen, weil Du immer recht haben wirst. Und deswegen ist es wichtig, wenn Du Deine Gedanken weiterentwickeln und andere Ergebnisse möchtest, dass Du dann nicht nur anders denken, sondern auch andere Ergebnisse produzieren solltest. Diese Ergebnisse beweisen dann wiederum, dass es sich lohnt, anders zu denken.

„Du suchst
lieber Kompromisse,
statt Lösungen
zu finden."

Du suchst lieber Kompromisse, weil Du gelernt hast, demütig zu sein. Du schaust, dass es dem anderen gut geht und er auch das bekommt, was er möchte. Tja, und im Zweifelsfall schaust Du, dass Du mit dem anderen auf der untersten Stufe der Leiter der Gemeinsamkeiten einen Kompromiss findest. Damit Du es allen recht machst. Nur fühlt es sich für keinen, weder für Dich, noch für den anderen, so richtig geil an. Deshalb: Suche zu Beginn die absolute Gewinn-Gewinn-Lösung und vielleicht als letzten Notnagel den Kompromiss. Suche nicht von vorn herein aus lauter Nettigkeit einen Kompromiss.

Es geht um das Prinzip Gewinn-Gewinn. Das ist mein Prinzip für jedes Gespräch, sei es im Privaten oder im Business. Jeder sollte das bekommen, was er wirklich möchte UND noch eins oben drauf. Das meine ich vollkommen ernst. Erst mit dem i-Tüpfelchen, mit der Kirsche auf der Sahne, entsteht der Wow-Effekt. Dann macht der andere gern mit Dir Geschäfte. Und das eben nicht zu Lasten einer oder beider Seiten, sondern zum Nutzen für alle.

„Wenn Du willst,
dass andere positiv
über Dich denken,
dann denke selbst
positiv."

Du wünschst Dir, ein tolles Feedback zu erhalten. Du magst Wertschätzung, Anerkennung, Lob und Komplimente und willst diese auch bekommen. Nur die simple Frage ist: Was tust Du dafür? Wie denkst Du, um das Richtige zu tun, um von außen Komplimente, positives Feedback und tolle Rückmeldungen zu bekommen? Denke positiv über Dich und auch über andere.

Nur wenn Du positiv über Dich selbst denkst, dann wirst Du das auch ausstrahlen. Und wenn Du positiv über Dich denkst, dann wirst Du auch Positives tun. Und wenn Du Positives tust, dann werden die anderen auch eher das Positive sehen und Dir eine entsprechende Rückmeldung geben. Das, was Du in die Welt gibst, bekommst Du auch zurück. Das besagt das Gesetz der Resonanz.

„Angst ist manchmal auch nur eine Gewohnheit."

Du kennst sicher solche Situationen. Du hast Angst im Meeting vor Deinen Kollegen zu sprechen, obwohl Du das schon oft getan hast. Oder Du willst Deinen Freund kritisieren, mit dem Du offen und ehrlich über alles sprichst, bekommst allerdings kein Wort über die Lippen, weil Du ihn nicht verletzen möchtest.

Es gibt immer wieder Momente, in denen Deine Angst völlig irrational und unbegründet ist. Sie ist lediglich ein Gefühl. Frage Dich immer, ob Deine Angst nur ein altes Gefühl ist, eine erinnerte Emotion, die sich zeigt und eigentlich gar nicht sein muss.

Vielleicht ist Deine Angst auch nur eine Taktik, die Dir hilft, auszuweichen und Dich vor einer Herausforderung zu drücken. Diese Taktik wird zu einem Ritual, so dass Du irgendwann nicht mehr nachdenkst, wovor Du eigentlich wirklich Angst hast. Dementsprechend ist es irgendwann nicht mehr die Angst, sondern Deine Gewohnheit mit Angst zu reagieren. Deine Angst ist dann nur noch eine Taktik.

„Wenn Du Qualität nicht kultivierst, kultivierst Du Schlampigkeit."

Entweder es ist richtig geil und Du ziehst es komplett durch oder Du machst es nicht. Dabei geht es nicht um Perfektionismus. Sondern es geht um wahrhaftige Top-Qualität. Und wenn Du nicht den Anspruch hast, Top-Qualität abzuliefern, dann wird es halt nur Mittelmaß. Dieses Mittelmaß wird Dich, Deine Partner und auch Deine Kunden irgendwann abhalten, weil es ein anderer einfach bessermacht als Du. Die Konkurrenz schläft nie, die Auswahl ist groß.

Dein Mittelmaß führt zu Schlampigkeit, weil Dir der Anspruch auf Top-Qualität fehlt. Mit Deiner niedrigen Qualität führst Du Dir Dein schlechtes Prinzip immer wieder vor Augen. Das heißt, dass Du Sätze wie „Naja, irgendwie wird das schon" sagst. Und genau dieses Prinzip und diese Denkhaltung führen dazu, dass Du automatisch abbaust. Außerdem führen sie zu Resignation und dem damit verbundenem Verlust an Vertrauen in Dich selbst und dazu, dass Du es im Leben wirklich weit bringst. Das heißt: Deine Akzeptanz der niedrigen Qualität führt zu Schlampigkeit.

„Die Suche
nach der einzigen,
großen, wahren
Leidenschaft oder
Liebe, macht Dich
auch blind."

Diese Suche ist so, als würdest Du im dunklen Keller mit einer Taschen-lampe nach dem Lichtschalter suchen. Mit einem so winzigen Licht suchst Du wie ein Blöder. Lässt Du die Taschenlampe allerdings einfach komplett aus und wartest ein paar Minuten, dann gewöhnen sich Deine Augen an die Dunkelheit und Du findest den Lichtschalter viel schneller oder sogar direkt die Tür, die ja Dein eigentliches Ziel ist, um aus der Dunkelheit herauszu-kommen. Das heißt, dass Du teilweise so stark und so verkrampft suchst, dass Du links und rechts nicht mehr siehst, was alles schon da ist und dass Du eigentlich gar nicht suchen musst. Du musst es nur finden und anneh-men.

Was Du mit Leidenschaft suchst oder schaffst, führt eben manchmal auch zum Leiden. Wenn Du nach der großen Liebe oder der großen Wahrheit suchst, dann suchst Du ja immer nur, statt sie finden zu wollen. Du bist halt auf der Suche. Der Suchende sucht und der Findende findet.

„Malochen
statt
labern."

Was bringt das ganze dünne Gelaber in der Politik, vom Unternehmensvorstand Deines Arbeitgebers, von Deinem Partner, von Deinen Freunden und von Dir selbst, wenn es einfach zu nichts führt?

Dein Gerede hält Dich einfach nur ab. Immer, wenn Du beginnst, zu schwafeln, kommst Du einfach nicht zum Punkt. Du lenkst Dich ab und hältst Dich selber davon ab, es einfach zu tun. Hör endlich damit auf!

Nicht nur der Weg ist das Ziel, sondern das Ziel bestimmt auch den Weg. Wenn Dein Ziel ständiges Gelaber ist, dann bist Du mit Deinem ständigen Gerede auch auf dem richtigen Weg. Sollte Dein Ziel jedoch ein anderes sein, schau noch mal genau, welcher Weg dafür der passendste ist. Ganz nach dem Motto: „Denken — ja! Zerdenken — nein!"

Du solltest mehr vor-denken, statt nach-denken.

„Dinge, die nicht funktionieren, aufzugeben, ist wie das Abziehen eines Pflasters: leichter und weniger schmerzhaft, als Du denkst."

Du hast viele Ideen und Projekte, die Du ins Leben rufst und dann ein bisschen vor sich hindümpeln lässt und die irgendwie nicht so richtig funktionieren oder nicht funktionieren sollen, warum auch immer. Und dann gibt es da auch noch die Projekte, die schon wahnsinnig viel Zeit, Geld und Nerven in Anspruch genommen haben. Allerdings wird auch aus diesen keine richtig gut funktionierende Sache. Diese Projekte oder eine solche Beziehung aufzugeben, fällt Dir schwer. Ganz nach dem Motto: Jetzt hast Du schon so viel Zeit, Geld und Nerven reingesteckt oder jetzt bist Du schon so lange in dieser Beziehung, das kannst Du nicht einfach aufgeben.

Einerseits ist das richtig, nur was bringt die größte Zugehörigkeit, wenn sie am Ende nichts abwirft, sondern immer nur zu Lasten des Einsatzes geht. Das heißt, dass der Kosten-Nutzen-Faktor hier überhaupt nicht gegeben ist. Wenn dann auch das Gefühl einfach nicht stimmt, dann ist es besser, die Sache einfach bleibenzulassen. Und zwar sofort. Du kennst das, wenn Du ein altes Pflaster von Deiner Haut abziehst, dann machst Du es entweder ganz langsam und es zieht höllisch. Oder Du ruppst es einfach mit einem Ruck ab, hast nur einen kurzen Schmerz und ihn schnell wieder vergessen.

„Wenn Schmerz Dein Alltag geworden ist, vermisst Du ihn, wenn er weg ist."

Das ist ein Phänomen, das ich immer wieder beobachte. Wenn Du gesund bist, dann bist Du halt gesund. Das ist dann völlig normal, dann spürst Du nicht, dass Du gesund bist. Wenn Du allerdings krank bist, dann fällt Dir auf, dass Du krank bist. Du freust Dich innerlich wie blöde darauf, wenn Du wieder völlig gesund bist und kannst diesen Moment kaum erwarten. Wenn Du dann tatsächlich genesen bist, dann ist es wieder normal, gesund zu sein und es fällt Dir nicht mehr auf.

Genau so ist es dann auch mit dem Schmerz. Wenn der Schmerz Alltag geworden ist, dann ist dieser Zustand normal. Wenn der Schmerz weg ist, ist das unnormal. Dann fehlt etwas. Und wie häufig stelle ich fest, dass dann nicht die Freude eintritt, sondern Entzugserscheinungen am Körper. Vielleicht sogar in der Seele. Achte deswegen auf Deine Gedanken, denn sie verwirklichen sich. Hat der Schmerz eine Aufgabe übernommen? Welche? Wenn diese Aufgabe nicht anders erfüllt wird, dann kommt der Schmerz immer wieder, in welcher Art auch immer.

„In der Not
und Unfähigkeit
Deiner selbst
sollte ein Freund
die Antwort auf
Deine Bedürfnisse
sein."

Du wählst immer wieder, in welchen Menschen Du wie viel Zeit und Energie investierst. Überlege Dir, welche Eigenschaften die Menschen in Deinem Umfeld und Deine Freunde haben sollten. Achte darauf, nicht nur Menschen in Deinem Umfeld zu haben, die Dir Ratschläge geben, immer noch eins drauf setzen müssen, Dich ständig belehren, immer nur Ja sagen, Dich nur trösten oder bemitleiden, Dir immer wieder über den Mund fahren oder ständig Ausreden und Erklärungen abgeben.

Hab Freunde, die Dir wahrhaftig helfen. Manchmal brauchst Du Hilfe in der Form, dass Dir etwas abgenommen wird, Dir jemand ein gutes Gefühl gibt und manchmal ist die größte Hilfe, dass Dir jemand hilft, Dir selbst zu helfen. Deswegen ist ein guter Freund ein Freund, der sich dessen bewusst ist. Er hilft beiden, die Sache noch bewusster zu machen. Ein guter Freund weiß immer, was Du in der Situation brauchst und gibt Dir dies auch. Im Optimalfall fragt er vorher. Denn wir können nie wissen, was der andere wirklich möchte.

Wenn Du in Not oder unfähig bist, Dir selbst zu helfen, dann sieht Dein Freund nicht Dein Verhalten und auch nicht seine Bewertung Deines Verhaltens. Er sieht das, was Du wahrhaftig brauchst. Das gibt er Dir. Ganz egal wie Du in dem Moment drauf bist, wie offen Du Dich ihm kundtust oder wie Du Dich verhältst. Er liebt Dich und er gibt Dir voller Demut das, was Du wirklich brauchst und fragt sich selber nicht, ob ihm das gerade passt oder nicht.

„Liebe ist
wie zwei Bäume
im Wind."

Liebe ist wie zwei Bäume, die zusammen wachsen. Stehen sie zu nah, nehmen sie sich gegenseitig den Raum zum Wachsen. Sie nehmen sich das Licht und die Äste gehen ein. Geben sie sich hingegen genügend Freiraum und ihre Äste spielen miteinander im Wind, dann ist es perfekte Liebe. Das heißt, dass jeder in einer Partnerschaft Raum für sich braucht. Es geht in einer Partnerschaft nicht nur um ein „Wir", sondern auch um das „Ich" und „Du". In einer wahrhaftigen Partnerschaft leben beide das eigene Leben weiter und ergänzen sich gegenseitig über das vollkommene Selbst hinaus zum Wir. Keiner ist wirklich abhängig vom anderen, sie ergänzen sich, statt sich nur zu unterstützen. Es geht um die unabhängige Abhängigkeit, das Singleleben innerhalb einer Partnerschaft.

Idealerweise entsteht am Ende aus allen Bäumen ein Wald, in dem alle perfekt miteinander harmonieren.

„Schuldgefühle sind
Mittel zum Zweck
der Verbundenheit und
im schlimmsten Fall
der Versklavung."

Schuldgefühle implizieren immer, dass Du dem anderen noch etwas schuldig bist. Diese Schuld stellt eine Verbindung zum anderen über dieses Schuldgefühl her. Die Frage ist, muss das wirklich sein, und ist es die Art von Verbindung, die wirklich gewünscht ist? Also, sind diese Gefühle gewollt, und wenn nicht, warum hast Du sie und was willst Du stattdessen?

Deine Schuldgefühle sorgen nicht nur für verbindende Gefühle. Sie lassen Dich auch Dinge tun, die Du normalerweise nicht tun würdest. Je stärker Dein Schuldgefühl ist, desto stärker ist auch die Verbundenheit mit dem anderen und damit Deine Abhängigkeit oder/und Unterwürfigkeit. Du bist Sklave Deines eigenen Gefühls. Deine Unterwürfigkeit kann wiederum bösartig vom anderen ausgenutzt werden. Dann bist Du auch noch dessen Sklave, auch wenn er das nicht unbedingt will oder ausspricht. Er nimmt das dennoch dankend an und Du wunderst Dich, warum Du nicht bekommst, was Du willst und eher noch dazu beiträgst, dass alle anderen bekommen, was sie wollen.

„Investiere Zeit,
Geld und Nerven
nur in die Dinge,
die Du verstehst
oder um sie
zu verstehen."

Natürlich ist es wichtig, dass Du Dich auf Dein Fachgebiet konzentrierst und da tipptopp der absolut Experte, Profi, Vorreiter bist. Alles das, was Du allerdings nicht so gut oder nur halb so gut wie ein anderer kannst, der darin sein Profigeschäft sieht, solltest Du abgeben. Zum Beispiel kannst Du die Gestaltung Deiner Website, Deiner Werbung oder auch die Herstellung bestimmter Teile Deines Verkaufsproduktes outsourcen. Warum solltest Du Dich auch mit solchen Sachen aufhalten, wenn Du doch in der Zusammenarbeit mit anderen Profis zu einem Top-Produkt oder einer Top-Dienstleistung kommst.

Gleichzeitig solltest Du aufpassen, ob der andere auch wahrhaftig in Deinem Sinne, nach Deinen Prinzipien arbeitet und ob er es wirklich super geil drauf hat. Solltest Du an der einen oder anderen Stelle auch nur ein Fünkchen Misstrauen haben, dann überleg Dir einerseits, wofür Du das Misstrauen hast und andererseits, ob es nicht langsam Zeit wird, dass Du Dich mit dem Thema intensiv selbst auseinandersetzt. Damit Du es dann perfekt nach Deinen Vorstellungen verwirklichst und keiner Dir reinpfuscht.

„Versuche nicht,
Zeit zu finden,
sondern plane
diese ein."

Zu oft höre ich Aussagen wie „Ich habe keine Zeit" oder „Ich muss mir die Zeit frei räumen" oder „Ich habe nicht genügend Zeit, ich weiß nicht wie ich das machen soll" ... Boah! Wie mich das nervt!

Hab Dein Selbstmanagement im Griff! Plane Dich selbst richtig! Und wenn Du etwas wirklich willst, dann warte nicht, bis sich die Umstände dementsprechend irgendwann, irgendwie gütig zeigen. Dann wird es einfach nicht geschehen. Punkt. Plane Dir für das wirklich wichtige in Deinem Leben Deine Zeit entsprechend ein. Beginne morgens mit dem, was am wichtigsten ist und was die größten Auswirkungen, im positiven Sinne, auf Deinen Tag hat. Konzentriere Dich auf das EINE Ding. Tue es!

„Jeden Druck,
den Du spürst,
machst Du
Dir selbst."

Druck ist nie die Ursache, sondern das Ergebnis, denn Du warst ja nicht von Beginn an unter Druck, er hat sich immer weiter aufgestaut und aufgebaut. Schau also immer, welche Dinge zu Deinem Druck führen und versuche weniger den Druck an sich zu bekämpfen, sondern vielmehr dessen Ursache.

Wenn Du denkst, dass Dir Dein Chef Druck macht, dann zeigt er Dir nur auf, was zu tun ist. Und das vielleicht eher auf eine Art und Weise, die sich wie Druck anfühlt. Den Druck machst Du Dir in der Hinsicht allerdings nur selbst. Denn, wenn Du weißt, dass Du die eine oder andere Sache heute nicht mehr schaffst, dann brauchst Du Dir keinen Druck machen und teilst es dem anderen einfach genauso mit.

Fakt ist auch, nur weil Du gefühlten Druck entgegengebracht bekommst, musst Du Dich ja noch lange nicht unterdrückt oder unter Druck fühlen. Der andere macht Dir mit diesem Druck auch nur ein Angebot. Es ist im Grunde genommen lediglich sein Versuch, Dich unter Druck zu setzen. Wenn Du diesen annimmst, ist es kein Wunder, dass Du Dich unter Druck fühlst. Sobald Du souverän und gelassen bist, bist Du auch in der Lage, die Situation selbst angenehmer einzuschätzen. Sobald Du Dich vom Druck anderer erdrückt und unterdrückt fühlst, lässt Du das selbst zu.

„Das Warum und Wofür ist das Kraftwerk Deines Antriebs."

So viele Trainer, Speaker, Coaches reiten aktuell auf dem „Warum" herum. Das Warum sucht immer nach dem Grund, etwas zu tun. Der Grund liegt wiederum immer in der Vergangenheit, „Warum wolltest Du X tun?" Die Frage ist allerdings nicht, warum Du es tun wolltest, denn das ist Vergangenheit, sondern: Was willst Du tun? Und was willst Du tun, um Y in der Zukunft zu erreichen? Die Zukunft wird nicht durch das Warum erfragt, sondern durch das Wort WOFÜR.

Das Wofür schaut eher in die Zukunft, sucht das Ziel, die Lösung, schafft Möglichkeiten und einen Sinn. Beide, das Warum als auch das Wofür, sind im Positiven, wie auch im Negativen wichtig.

Es ist nicht nur wichtig, wo Du herkommst, sondern auch, wo Du hin willst.

Es geht nicht nur darum, warum Du etwas möchtest, sondern wofür.

Es geht nicht nur darum, wer Du bist, sondern wer Du sein willst.

Es ist nicht nur wichtig, was Du kannst, sondern was Du können willst. Und was solltest Du können, um Dein Ziel, Deine Mission, Deine Vision umzusetzen? Schau, was Du in der Zukunft haben willst und deshalb in der Gegenwart brauchst und danach, was Du bereits zur Verfügung hast, weil Du es Dir in der Vergangenheit erarbeitet und aufgebaut hast.

„Vor jedes ‚nicht'
setze ein ‚noch'."

Du hast sicher schon oft gesagt: „Ich kann das nicht". Deine Bewertung basiert dabei immer auf der Vergangenheit. Und es ist richtig: In der Vergangenheit hast Du es noch nicht hinbekommen. Ist es denn möglich, dass Du es in Zukunft hinbekommst? Vielleicht ja. Die Chance steht 50:50. Was fehlt Dir also noch dazu?

Schiebe das Wort „noch" immer vor das Wort „nicht". Du kannst es einfach NOCH nicht! Das schenkt Dir Zuversicht und neue Möglichkeiten. Es ist immer noch oder wieder möglich, dass Du es hinbekommst. Du weißt halt nur noch nicht, wie. Du bist allerdings auch in der Lage, das Wie zu entdecken und Neues zu lernen. Es geht nicht darum, zu überlegen, was Du schon kannst, sondern was Du NOCH brauchst, um es zu können.

„Zu verstehen,
wie jemand sich fühlt,
ist schizophren."

Weil es gar nicht möglich ist, dass Du verstehst, wie sich ein anderer fühlt. Denn das Verstehen kommt vom Verstand und der Vernunft. Fühlen hingegen kommt vom Mitgefühl, von der Empathie und dem Empfinden. Das ist etwas ganz anderes und wird auch auf eine ganz andere Weise projiziert und in einem anderen Bereich Deines Gehirns hervorgerufen.

Dein Verstand sitzt in der linken Gehirnhälfte und das Gefühl in der rechten. Dein Unterbewusstsein und das damit verbundene Gefühl werden immer schneller reagieren, als Dein Verstand. Deshalb ist es völlig schizophren, wenn Du immer versuchst, alles sachlich zu klären, Dich wie ein Erwachsener zu benehmen und vernünftig an die Dinge ranzugehen, wenn doch die Entscheidung, was Du davon hältst und mit Deinem Gefühl zum Ausdruck bringst, vorher schon längst feststeht und der Verstand nicht fühlt. Der Verstand versteht. Er erklärt logisch-rational, er fühlt allerdings nicht mit. Und deswegen bist Du nur in der Lage, Mitgefühl zu zeigen und nachzuempfinden, wie sich ein anderer fühlt, und es nicht zu verstehen. Weil Gefühle nicht oder nur sehr schwer sachlich erklärbar sind.

Deine linke Gehirnhälfte, die Verstandeshälfte, hat nur circa 10-15 % Einfluss auf das Miteinander. Trotzdem versuchst Du immer wieder, mit diesem kleinen Anteil wirklich 100 % der Dinge zu lösen. Das entfernt Dich vom Menschen, da Du immer mehr versachlichst, weil Du vernünftig sein willst und irgendwie auch musst. Das hat Dir irgendjemand irgendwann mal gesagt — erinnerst Du Dich? Das ist richtig und gleichzeitig extrem einschränkend.

„Wer ständig ‚schade' sagt, sorgt für Schaden."

Kennst Du solche Menschen, die ständig schade sagen? Oder: „Och nee, Mensch, das ist so schade!", oder: „Mhh... Schade, nicht wahr?" Vielleicht bist Du ja auch so. Was bringt es Dir, wenn Du solche Sätze ständig von Dir gibst? Damit offenbarst Du Deinen Unmut und sorgst für ein opfermäßiges Gefühl in Dir selbst. Wie fühlt sich das an? Hast Du Lust darauf, Dich so zu fühlen? Warum bringst Du Dich selber in die Lage und betitelst es auch so? Die Benennung selbst macht das Ganze nur noch schlimmer.

Das Ganze sorgt nicht nur für ein opfermäßiges Gefühl, sondern sogar für eine Opferhaltung. Im schlimmsten Falle gibst Du damit nicht nur das Zepter aus der Hand, sondern sorgst bei dem anderen, der das hört, für das gleiche negative Gefühl. Weil der andere Mitleid hat, das Du gern bekommen möchtest. Ihr beide scheißt im negativen Gefühl ab. Naja. Was soll's. Geteiltes Leid ist ja halbes Leid, nicht wahr? Was bringt Dir Mitleid? Und was bringt es, Leid zu teilen? Naja, vielleicht bringt es Dir etwas für Dein Gefühl. Bringt Dir allerdings ein geteiltes Gefühl irgendetwas? Nee! Weil es ja immer noch schade ist.

Also hör auf, so viel zu quatschen und setz Dich in Bewegung. Und ganz wichtig: Achte nicht nur auf Deine Gedanken, sondern auch auf die Wörter, die Du denkst und sprichst, denn sie spiegeln die Qualität Deiner Gedanken, Deines Mindsets und Deiner Einstellung zum Leben.

„Bedenke immer die sogenannte *,Ich-meine-es-nur-gut-Falle'*."

Du tröstest, gibst Ratschläge, bevormundest, bemitleidest und bei allem, was Du sagst, auch wenn es für den anderen hart ist, meinst Du es immer nur gut. Gerade diese Falle hat es extrem in sich. Warum? Weil Du immer, wenn Du jemandem einen Ratschlag gibst und es gut meinst, gegebenenfalls auch einfach nur ein Klugscheißer oder Besserwisser bist. Dann verhinderst Du die Entwicklung des anderen, weil Du es vorhersagst. Du meinst es einfach nur gut. Hast Du Dich allerdings auch gefragt, ob es für den anderen gerade gut ist? Du untergräbst die mögliche Kompetenz des anderen, es selbst hinzubekommen und verhinderst damit dessen Entwicklung.

Du schürst damit eventuell den Unmut des anderen, weil er ja selber auf die Lösung kommen möchte. Dann nervt es ihn einfach nur, dass Du der Besserwissende bist und nicht er selbst es sein kann oder darf, weil Du ihm die Möglichkeiten dazu raubst.

„Das, woran
Du arbeitest,
arbeitet auch
an Dir."

Das, was Du denkst, hat einen direkten Einfluss auf das, was Du sagst und tust. Das, was Du tust, hat immer eine Wirkung auf Deine Außenwelt, also Deine Mitmenschen, denn sie reagieren ja. Das Wichtigste ist allerdings, dass Dein Tun nicht nur Deine Außenwelt und die anderen betrifft, sondern vor allem Dich selbst. Denn Du siehst, was Du tust, Du hörst, was Du sagst und Du spürst, was Du bewegst und bewirkst. Das heißt, dass Du Deine Gedanken immer wieder bestätigst.

Wenn Du zum Beispiel schlecht über das Leben denkst, dann wirst Du auch schlecht über das Leben reden. Und dann wirst Du Dich auch selbst schlecht über das Leben reden hören. Die Scheiße geht also raus und die Scheiße kommt rein. Und wenn die Scheiße reinkommt, dann geht sie auch wieder raus. Das ist ein Teufelskreis. Deshalb ist es grundlegend wichtig, auf Deine Gedanken zu achten. Sie haben eine doppelte Wirkung auf andere und auf Dich selbst. Mit dieser Erkenntnis bist Du in der Lage, Dich selbst zu manipulieren. Wenn Du nicht unbedingt positiv denkst, dafür über Positives redest, dann hörst Du Dich selbst über Positives reden. So beeinflusst Du Dich von außen positiv. Das dauert nur etwas länger, als direkt positiv zu denken.

„Angriff ist auch eine Art des Entgegenkommens."

Wenn Dich der andere angreift, kann er das nur machen, wenn er wortwörtlich auf Dich zukommt. Er kommt auf Dich zu, indem er auf Dich, Deine Gedanke und Deine Handlungen eingeht, egal, ob er sie unterbinden will oder nicht. Der andere fokussiert sich auf Dich und Deine Handlungen. Klar, damit will er vor allem sein Ziel erreichen.

Im Endeffekt will ich Dir Folgendes klarmachen: Du stehst im Moment des Angriffs im Fokus des anderen. Was wäre, wenn Du sein Verhalten nicht als Angriff, sondern als ein Entgegenkommen ansiehst? Klar, er könnte das sicher auch auf einem anderen Wege tun. Nur kommt er selbst nicht drauf oder sieht seinen Angriff als adäquate Art und Weise.

Du deutest sein Entgegenkommen als einen Angriff. Vielleicht lässt Du die Bewertung einfach weg. Denn die Art des Entgegenkommens bestimmst ja Du und nicht er. Vielleicht ist es für ihn das Normalste auf der Welt und er hat es von Kindesbeinen an nicht anders gelernt, als den anderen verbal anzugreifen. Vielleicht ist die Art und Weise des anderen auch nur eine Gewohnheit. Verteufle deshalb vielleicht sein Verhalten, allerdings nicht ihn als Menschen mit seiner Absicht. Deswegen ist es hier wichtig, die Absicht hinter der Ausführung, dem Tun, dem Handeln zu sehen, denn die ist meist positiv. Auch wenn wir dies nicht gleich sehen können oder gar wollen. Die Frage aller Fragen am Ende bleibt hier: Wer ist derjenige, der etwas cleverer ist oder zumindest einen Schritt mehr auf den anderen zugeht? Der andere macht es schon.

„Du entscheidest,
wer in Dein Leben tritt.
Du entscheidest auch,
wer bleiben darf
und wer nicht."

Es gibt viel zu viele Menschen, die sich sogenannte Energievampire halten. Diese Energievampire sind Menschen, die Du im Freundeskreis, in der Liebe, in der Familie oder im beruflichen Kontext hast. Immer wieder hast Du so viele Menschen um Dich herum, die nur Deine Zeit, Deine Nerven und Deine Energie rauben. Von daher empfehle ich Dir, Dir jedes Jahr Gedanken darüber zu machen, welche Menschen in Deinem Leben eine Rolle spielen und warum und wofür sie in Deinem Leben sind. Stell Dir dann im Anschluss die Frage, wer weiterhin in Deinem Leben bleiben soll und wer nicht. Und, ganz wichtig: Frag Dich, was Du dafür tust und was nicht.

Du hast auch Menschen in Deinem Leben, die einfach schon immer da waren. Es hat sich einfach so ergeben. Wenn sie Dir nicht gut tun, sollten jedoch auch diese nicht länger in Deinem Leben bleiben. Du hast immer die aktive Wahl, wem Du Deine Energie und Deine Zeit schenken magst.

„Krankheiten machen Dich oft erst gesund."

Da ändere ich doch gerne komplett Deinen Blickwinkel. Achtung. Eine Krankheit ist nicht die Ursache, sondern das Ergebnis. Und als Symptom auf körperlicher oder geistiger Ebene ist es immer die Auswirkung, die sich Dir offenbart, und nicht die Ursache selbst.

Die Krankheit, die sich Dir offenbart, ist der Schlüssel zum Gesundwerden. Denn erst, wenn Du eine Krankheit entdeckst, hast Du die Möglichkeit, wahrhaftig gesund zu werden. Ganz oft ist es notwendig, dass Du mit dem Kopf gegen eine Wand knallst oder Dir die Krankheit einen Spiegel direkt vors Gesicht hält, damit Du erkennst, dass Du eine ungesunde Lebensweise hast. Ob es die Gesundheit des Körpers oder die Gesundheit der Psyche, also des Geistes und der Seele, betrifft, Krankheiten helfen, Krankheiten besser zu verstehen, vorzubeugen und besser zu heilen.

„Entscheide mehr nach wohlwollenden Prinzipien statt nach der Augenblickslaune."

Deine Augenblickslaune ist immer eine kurzfristige Bewertung, Du denkst zum Beispiel „Pfffft, das brauch ich jetzt nicht." Diese Bewertung ist meist nur auf Dich bezogen: „Was bringt MIR das jetzt?" Häufig kommt hier Dein Ego ins Spiel. Du blendest andere und deren Bedürfnisse komplett aus.

Daher ist es wichtig, übergeordnete Leitsätze für Dich und für alle zu haben. Das sind Prinzipien, die moralischen Grundsätze der Gesellschaft. Sie vereinen und beschreiben das Miteinander, das Wohlwollende, das Wir – nicht nur das Ich.

Die wichtige Frage ist also: Was bringt es Dir, wenn Du im Hier und Jetzt nur kurzfristig an Dich denkst, und an das, was kurzfristig erstmal klasse ist, wenn Du dann im Langfristigen Probleme bekommst. Entweder mit Dir selbst oder mit anderen.

„Nicht jeder Anfang ist ein (wirklicher) Neubeginn."

Du hast eine neue Beziehung, einen neuen Job, neue Freundschaften, Du probierst wieder einen neuen Sport und eine andere Ernährung aus und, und, und ... Du fängst immer wieder von vorne an und bekommst dennoch immer wieder die gleichen Ergebnisse. Die Frage ist, wofür braucht es einen Neubeginn? Naja, weil Du Dich immer wieder fragst, warum Du ständig den gleichen Scheiß in Dein Leben bekommst. Na ganz klar. Weil Du immer wieder den gleichen Scheiß machst, weil es Dir nicht bewusst ist und Du immer noch die gleichen Gedanken hast. Die allermeisten Menschen versuchen, andere Ergebnisse durch gleiches Verhalten zu bekommen. Ein paar versuchen, andere Ergebnisse durch anderes Verhalten zu erlangen. Nur die allerwenigsten ändern jedoch ihre Gedanken dazu. Bedenke: erst kommt der Gedanke, dann die Tat, dann das Ergebnis. Das heißt, egal, welche Strategie Du von diesen dreien fährst, Du beginnst immer wieder nur von vorn und änderst nicht wirklich etwas. Es sind meist nur andere Situationen, andere Gesichter und andere Namen, die Strategie bleibt allerdings die Gleiche.

Die Frage ist also: Was führt denn dazu, dass Du immer wieder diesen gleichen Scheiß hast? Was willst Du wirklich erreichen? Was ist Deine wahrhaftige Absicht, Dein Ziel, Deine Mission? Über welche verschiedenen Wege erreichst Du diese? Welche Einstellung brauchst Du dafür? Welche Einstellung in Deinem Kopf, welche anderen Fähigkeiten und Fertigkeiten brauchst Du, um wahrhaftig einen Neubeginn zu machen?

„Es bedarf
besonderer Demut,
um zu begreifen,
wie wenig Du weißt,
obwohl Du immer
mehr Wissen
anhäufst."

Du bist dabei, Dir wahnsinnig viel Wissen anzuhäufen und intelligenter zu werden. Gleichzeitig vernachlässigst und unterschätzt Du den Cleverness-Quotienten (CQ) und den emotionalen Quotienten (EQ). Nur weil Du viel weißt, heißt das noch lange nicht, dass Du viel bewirkst. Es ist super gut und wichtig, Dir Wissen anzueignen. Bildung schafft immer automatisch, manchmal auch nur unbewusst, Fortschritt. Nur bringt es überhaupt nichts, wenn Du Dir Wissen aneignest, wenn Du es dann nicht einsetzt. Das ist ein Dominoeffekt.

Erstens: „Wissen ist Macht" stimmt nicht und heißt eher, „Wissen macht nichts", solange Du aus Deinem Wissen, das Du anhäufst, einfach nichts machst.

Zweitens: Du denkst, dass Du schon so wahnsinnig viel weißt, weil Du Dir so viel angeeignet hast. Dadurch weißt Du automatisch immer weniger, wie viel Du eigentlich nicht weißt. Egal, wie viel Wissen Du anhäufst, es gibt noch so unendlich viel Wissen da draußen, das Du noch nicht weißt.

Drittens: Du überschätzt Dich und Deine eigene Kompetenz immer wieder und stellst sie gern über die Kompetenzen anderer.

„Du erfindest
kleine Aufgaben
und Probleme,
um keine Zeit
zu haben, die
wichtigen Dinge
anzugehen."

Kennst Du das? Du hast den ganzen Tag viel zu tun und dennoch am Abend das Gefühl, nichts geschafft zu haben. Kennst Du das Gefühl, dass Du immer wieder zu tun hast und irgendwie nie Zeit hast, die wirklich wichtigen Dinge in Angriff zu nehmen? Das liegt daran, dass Du immer wieder dringende Aufgaben den wirklich wichtigen vorziehst. Klar, es entsteht Druck, wenn Sachen dringend erledigt werden müssen. Nur sind sie damit immer eine super Ausrede, um die großen und wirklich wichtigen Dinge eben nicht machen zu müssen.

Dein Unterbewusstsein ist so clever, weil es keinen Bock auf die großen, wichtigen und zugleich anstrengenden Dinge hat. Deshalb wirst Du Dir immer wieder unbewusst und trotzdem absichtlich kleine Dinge suchen und vor allem finden. Das heißt, Du hast normalerweise keinen Bock, den Haushalt zu schmeißen. In dem Moment, wo Du eine wichtige Arbeit schreiben oder Deine Steuererklärung machen musst, wird Hausarbeit plötzlich zu einer adäquaten Abwechslung. Frage Dich deshalb regelmäßig, ob Du ausreichend und zielführend produktiv bist oder ob Du Aufgaben erfindest, um den wichtigen Dingen aus dem Weg zu gehen.

„Der Erfolg
anderer ist
nicht Dein
Misserfolg."

SPRÜCHEKLOPFER? Inspiration durch Provokation SPECIAL EDITION 1

Vergleiche, Vergleiche, Vergleiche. Von der Wiege bis ans Sterbebett. Du vergleichst Dich ohne Ende mit anderen und andere miteinander. Von links und rechts, oben und unten, die Jungen mit den Alten, die Alten mit den Jungen, ... Du kennst da keine Grenzen.

Immer, wenn jemand etwas Erfolgreiches ins Leben ruft, etwas Innovatives entwickelt, und vor allem, wenn es in dem Bereich ist, in dem Du auch aktiv bist, wirfst Du Dir selbst vor: „Scheiße, da hätte ich auch selber drauf kommen können!" oder „Wieso habe ich das nicht entwickelt?" oder „Wieso habe ich das nicht einfach gemacht?" Na prima. Vorwürfe ohne Ende. Fühlst Du Dich toll damit? Nee! Dann lass das blöde Vergleichen doch einfach bleiben.

Und wenn Du Dich schon vergleichst, dann nutze es auch. Und zwar nicht, um Dich extra noch herunterzuziehen, sondern, um Dich anzuspornen und herauszufinden, wie Du noch mehr, Neues und anderes machst. Das ist proaktiver und viel positiver, als über den Erfolg der anderen so sehr abzukotzen und Missgunst hochkommen zu lassen.

„Fragwürdig ist,
über gute und schlechte
Gefühle zu sprechen.
Viel sinnvoller ist
der Gedanke, welchen
Sinn diese machen."

Wenn Du Gefühle als gut und schlecht bezeichnest, gehst Du immer schon in die Bewertung hinein. Egal, was Du machst, Du bewertest. Du bist super gut im Vor-urteilen, Be-urteilen und Ver-urteilen. Egal, welches Gefühl Du hast, ob gut oder schlecht, es hat einen Sinn und eine Absicht, dieses Gefühl zu haben. Es möchte etwas bewirken. Deshalb ist immer die Frage: Bewirkt das Gefühl, das Du in einem bestimmten Moment hast, wirklich das, was Du willst? Oder eher, was Du überhaupt nicht möchtest? Macht das Gefühl Sinn – super, dann darfst Du es lassen. Macht es keinen Sinn, frage Dich, wie Du Dich stattdessen fühlen willst.

Mit Deiner Bewertung von Gefühlen und Emotionen raubst Du Dir unter anderem Kreativität und die Möglichkeit, zu gestalten. Deshalb formuliere ich mein Prinzip, nach dem Du Dich richten solltest: „Verwerten statt bewerten". Statt sofort in die Bewertung zu gehen, schaue lieber, wofür die Gefühle gut sind, egal, ob sie eher positiv oder negativ sind.

„Dir fällt
mehr das auf,
was schief läuft,
als das, was
gut läuft."

Du siehst immer nur Deine Fehler und das, was Du nicht hinbekommst. Du fokussierst Dich auf Deine Probleme. Das, worauf Du Dich fokussierst, das denkst Du auch über Dich und das beeinflusst wiederum Dein Handeln und damit auch Dein Umfeld. Deshalb hängst Du in einer negativen Dauerschleife fest. Betrachte Deine Fehler niemals als etwas Negatives. Sie zeigen Dir schließlich, was fehlt und vor allem was NOCH fehlt und wo Deine Potenziale und Möglichkeiten liegen. Das Pro-blem ist FÜR etwas gut. Wenn es GEGEN etwas wäre, dann hieße es Anti-blem.

Nur hat das nichts damit zu tun, warum Du Dich mehr auf das konzentrierst, was schief läuft. Warum ist das so? Obwohl die deutsche Sprache mehr positive Wörter hat, hörst Du eher das Negative. Obwohl ein Restaurant oder ein Hotel hundert positive Bewertungen hat, liest Du ganz gespannt die zwei oder drei negativen Bewertungen und gehst lieber doch nicht hin. Es ist wissenschaftlich nachgewiesen, dass Du mindestens zwölf positive Nachrichten brauchst, um eine negative wieder auszuradieren. Warum ist das so? Na, weil Du beispielsweise in der Schule immer nach Fehlern beurteilt wurdest und nicht nach den Dingen, die Du gut gemacht hast. Weil Du nach wie vor und weiterhin denkst, dass Du Dein Leben absichern musst. Du bist auf der Sicherheitsebene und nicht auf der Möglichkeitsebene unterwegs. Du willst Dich absichern und überleben, keine Fehler machen, Dich nicht blamieren oder doof dastehen. Und vor allem willst Du nicht von vorne anfangen, sondern vorwärts kommen. Deshalb fällt Dir das Stehenbleiben und Zurückschauen so schwer und deshalb achtest Du auch permanent und so akribisch darauf, keine Fehler zu machen. Damit geht alles andere jedoch unter.

„Fehler zeigen auf,
was fehlt."

Fehler zeigen nicht auf, was falsch gelaufen ist, sondern sie zeigen auf, was benötigt wird, damit es richtig läuft. Im Wort Fehler steckt ja schon die Antwort, die Frage ist nämlich: Was fehlt?

Von daher, wirf einen Blick zurück auf Dein bisheriges Leben und schau, welche Fehler Du scheinbar begangen hast. Überlege, was in diesem Moment, in dieser Situation oder in diesem Gespräch gefehlt hat. Also, was hätte es gebraucht, damit der Fehler eben nicht aufgetaucht wäre. Beziehungsweise, was hast Du durch diesen Fehler dazugelernt, was jetzt nicht mehr fehlt? Was hast Du jetzt durch diesen Fehler in der Werkzeugkiste Deines Erfolgs?

„Du kommst so
weit im Leben,
so weit wie
Du gehst."

Kennst Du das? Du willst in Deinem Leben weit kommen, es zu etwas Großem bringen und hast die Vision gedanklich schon vor Dir. Nur irgendwie kommst Du nicht ans Ziel. Das Problem ist, Du denkst nur und tust nichts. Wenn Du schon denkst und auch etwas tust und TROTZDEM nicht ankommst, dann solltest Du Dir überlegen, warum Dein Tun und vor allem Dein Denken nicht ausreichen, um da anzukommen, wo Du hinwillst.

Dein Tun orientiert sich immer an Deinem Denken. Wenn Du nicht weiter gehst, dann gehst Du deshalb nicht weiter, weil Deine Gedanken nicht weiterführen. Das heißt, es kommt nicht darauf an, wie weit Du gehst, sondern wie weit Du denkst und wie flexibel Du in Deinem Denken und Tun bist. Denn oftmals beschränkst Du Dich schon im Kopf.

„Fange morgens grundsätzlich mit dem an, worauf Du am wenigsten Lust hast und was gleichzeitig am meisten bewirkt."

Damit meine ich nicht das Aufstehen. Damit meine ich, dass Du Dich morgens, wenn Du loslegst, auf das wirklich Produktive konzentrierst. Auf das, was Dich aufgrund der Wichtigkeit am meisten vorwärts bringt. Konzentriere Dich nicht zuerst auf die dringenden Themen. Du schiebst meist die Dinge vor Dir her, die Du entweder noch nicht lösen kannst, weil Dir dafür noch bestimmte Fähigkeiten fehlen, weil Du keine Lust hast, weil es Dir zu anstrengend ist oder weil Du den richtigen Moment suchst, in welchem Du im richtigen Gefühl oder Zustand bist. Nur ganz ehrlich ... Wie lange willst Du verdammt nochmal noch aufschieben und abwarten?

Die meisten Berater, Coaches und Zeitschriften empfehlen immer, mit etwas Positivem einzusteigen, weil Du dann positiv und motiviert drauf bist. Ich gehe da einen komplett anderen Weg und gebe Dir damit das ultimative Rezept an die Hand: In den ersten zwanzig Minuten am Morgen machst Du erst das, was entweder eine super wichtige und große Sache ist, weil es eine wichtige Auswirkung hat oder Du machst in der Zeit das Beschissene, Schlechte, Blöde, weil es einfach schon zu lange in Deinem Kopf umhergeistert und Dich durch negative Gedanken ablenkt. Es muss einfach gemacht werden.

„Der Bauch
kommt meist nicht
am Kopf vorbei."

Meist ist es anders herum und der Kopf kommt nicht am Bauch vorbei, weil der Bauch der Entscheidungsträger ist. Jedoch ist es auch so, dass der Bauch wiederum nicht am Kopf vorbei kommt. Da spielt das Thema Vernunft eine Rolle. Dein Kopf, Deine Vernunft und Dein Verstand sind das Sachliche, das Vernünftige und das Erwachsene in Dir. Dieser Teil beherrscht häufig Dein Bauchgefühl und hält Dich von Deiner Lust, Deiner Leidenschaft und davon ab, der Sache nachzugehen, für die Du auf der Welt bist.

Du unterdrückst das kindliche Gefühl der Kreativität und verpasst damit die größten Chancen Deines Lebens. Du verpasst es, zu reifen und die Erkenntnis zu erlangen, dass es manchmal sehr vernünftig ist, unvernünftig zu sein. Dein großes Potenzial liegt in Deinem Unterbewusstsein und Du assoziierst dieses mit Deinem Bauchgefühl. Befreie es von Deinem Kopf, löse Dich vom Ego.

„Manchmal behauptest Du, etwas wäre praktischer. Dabei ist es nur einfacher und Du hast es von der Backe."

Ich sehe es immer wieder an Führungskräften und habe es auch schon an mir selbst beobachtet. Es betrifft wahrscheinlich auch Dich. Es gibt immer wieder Aufgaben, die Du an andere weitergibst und delegierst, mit der Begründung, dass sie beim anderen viel besser aufgehoben sind. Es gibt allerdings immer wieder To-Dos, die Du weitergibst, weil Du den Mist dann einfach von der Backe hast. Das ist per se nicht schlecht. Die Frage ist nur: Macht das wirklich Sinn?

Das zu erkennen, halte ich für eine sehr wichtige Erkenntnis. Der größere Fortschritt besteht dann darin, zu schauen, wie sinnvoll es wirklich ist, die Aufgabe zu delegieren. Was ist das Beste für den anderen und für die Sache, beziehungsweise das Endergebnis? Es ist manchmal einfach sinnvoller, die Dinge selbst zu erledigen, statt andere damit zu belasten.

„In einem Meeting ist weniger wichtig, welche Themen auf der Agenda stehen, als das, was am Ende daraus gemacht wird."

In Meetings sitzen so viele Menschen, die teilweise nichts sagen oder einfach nichts zu sagen haben. Reger Austausch? Fehlanzeige. Sinnvolle Investition? Nee, eher Zeitverschwendung. Der Sinn der Sache? Für die meisten eine gut getarnte Kaffeepause.

Es wird meist versucht, so viel in ein Meeting hineinzupressen, dass das Einzelne gar nicht mehr hochqualitativ diskutiert wird. Es stehen Themen auf der Agenda, die in dem Meeting überhaupt nichts zu suchen haben oder immer wieder auftauchen und nicht besprochen werden. Viele gehen in ein Meeting rein, allerdings kommt nur wenig dabei heraus. Deshalb ist es grundlegend wichtig, nicht nur zu überlegen, was besprochen wird, sondern vor allem, was am Ende dabei herauskommen soll. Mit welchem Ergebnis, welcher Vereinbarung wollen wir da rausgehen? Und welche Themen sollten dementsprechend besprochen werden? Kläre zu Beginn eines Meeting also immer: Warum und wofür sitzen wir heute zusammen? Übertrage dieses Prinzip auf Deinen Alltag, frage Dich immer, warum und wofür Du eine Sache machst.

„Erschaffe
weniger Mauern,
baue
mehr Brücken."

Es geht einerseits darum, Brücken zu anderen Menschen zu bauen. Das betrifft vor allem Menschen, die anders denken und anders handeln, als Du es tust. Du hast mit diesen Menschen kein automatisches Wir- oder Zugehörigkeitsgefühl und hast dadurch die Tendenz, sie aus Deinem näheren Umfeld auszuschließen. Letztendlich sind sie allerdings auch nur Menschen, so wie Du selbst. Menschen in Deinem Umfeld, die anders denken und handeln, als Du es selbst tust, geben Dir Inspiration, Dein Handlungsspielraum wird maximiert und im besten Fall lernst Du dadurch, selbst Deine Vielfalt zu erweitern. Im Optimalfall erfährst Du, dass Andersdenkende nicht schlechter sind, sondern geradezu perfekt für Dich.

Die wenigen Brücken zu anderen können auch ein Zeichen dafür sein, wie viele Mauern Du in Dir selber trägst. Und zwar weniger zu den anderen, sondern vor allem zu Dir selbst, nach innen. Die Brücke zu Dir selbst ist der Weg zu Deinen Gefühlen, Emotionen, zu Deinem Geist und Deiner Seele. Durch diese Brücke nimmst Du Deine Vollkommenheit wahr, dass Du eben nicht nur der bist, der Du gerade bist. Sondern Du bist immer das, was Du daraus machst und was Du sein magst.

„Siehst Du die Dinge heute aus dem gleichem Blickwinkel, bekommst Du die gleichen Bilder wie damals zu sehen."

Alles klar. Es ist soweit. An dieser Stelle muss ich einfach Albert Einstein zitieren: *„Die Definition von Wahnsinn ist, immer wieder das Gleiche zu tun und andere Ergebnisse zu erwarten".* Und das ist es, was Du immer wieder tust. Wenn Du immer wieder das Gleiche tust oder/und es auf die gleiche Art und Weise tust und hoffst, dass dennoch etwas anderes herauskommt, dann ist es tatsächlich schizophren, gar verrückt.

Ein simples Beispiel: Deine Partnerschaft geht in die Brüche, weil es viele Auseinandersetzungen gab. Du denkst, mit einem neuen Partner wird alles besser und alles anders. Wird es allerdings nicht. Warum? Weil Du immer noch das Gleiche in einer Partnerschaft tust. Hast Du Dir schon eingestanden, dass es vielleicht nicht nur AUCH an Dir liegt, sondern VOR ALLEM an Dir? Oder, dass es NUR an Dir liegt? So ist es auch mit Deinem Blick auf andere Dinge, auf Deine Gedanken und, und, und. Wenn Du immer gleich drauf schaust, siehst Du dasselbe Bild.

SPRÜCHEKLOPFER? Inspiration durch Provokation SPECIAL EDITION 1

Fazit

Da sind wir, am Ende vom zweiten Teil von „Sprücheklopfer?". 52 Sprücheklopfer, 52 gedankliche Herausforderungen, 52 neue Blickwinkel, 52 Inspirationen für Dich und Dein Denken. Ich habe Dir gezeigt, warum es nicht die beste Lösung ist, einen Kompromiss zu finden, wie Du Dir mit dem Wort „noch" mehr Möglichkeiten und Handlungsspielraum schaffst und wie Dich Schuldgefühle in zweierlei Hinsicht zu einem Sklaven machen.

Welchen neuen Gedankengang findest Du besonders spannend? Welchen musst Du abwinken, weil Du ihm gar nicht zustimmst und bestärkt Dich dadurch in Deiner eigenen Meinung? Welcher Sprücheklopfer fordert Dich besonders heraus und regt Dich einfach auf — und warum provoziert er Dich so?

Es geht, wie schon erwähnt, nicht um richtig oder falsch. Mein einziges Ziel mit diesem Buch ist, Dich zu inspirieren und Deinen Blickwinkel zu vergrößern. Es geht darum, Dir Deine Scheuklappen abzunehmen, sodass Du ungehindert in andere Richtungen schaust und nicht nur auf den gewohnten Weg. Mein zweites Sprücheklopfer-Buch ist Dir eine provokante und mit einem Auge zwinkernde Hilfe. Und solltest Du tatsächlich das Gefühl, den Wunsch oder die Forderung haben, wissen zu wollen, was Du jetzt daraus machst, dann kontaktiere mich.

Alles Gute, Dein Daniel

SPRÜCHEKLOPFER? Inspiration durch Provokation SPECIAL EDITION 1

Über den Autor

Daniel Hoch nimmt kein Blatt vor den Mund

Daniel Hoch kennt keine Tabus und legt die Karten offen auf den Tisch. Seit über 15 Jahren forscht und referiert der Top Speaker und Life-Coach auf höchstem Niveau in den Bereichen: Klarheit, Souveränität und Erfolg. Auf faszinierende Weise verbindet er Wissen mit Entertainment und hilft so Menschen, ihr bisher unentdecktes Potenzial bewussterzumachen und vollkommener auszuschöpfen. Mit einer großen Prise Unverfrorenheit stellt er den inneren Dialog seiner Zuhörer und Zuschauer spürbar auf Erfolg und zieht so jedes Publikum in seinen Bann. Daniel Hoch repräsentiert den Weg der ambivalent wohlwollenden Provokation in Perfektion. Erleben Sie Tränen der Betroffenheit und der Freude.

Nominiert für den RED FOX AWARD 2019 und 2020 und ausgezeichnet vom Magazin Focus als Trainer des Jahres 2016, hat er inzwischen 17 Bücher und zahlreiche Fachpublikationen veröffentlicht. Mehr als 10.000 Teilnehmer besuchen jedes Jahr seine Seminare und Vorträge. Als Experte steht er regelmäßig in Funk und Fernsehen vor der Kamera. An Hochschulen und Universitäten ist er als Profi ein sehr begehrter Gastdozent. Lassen Sie sich von Daniel Hoch berühren, wachrütteln und begeistern.

Portfolio / Vorträge

- MINDPUNK® – Denken und Leben für neue Götter
- KOPFKINO – Warum der richtige Fokus lebensentscheidend ist
- RESILIENZ – Umgang mit Krisen & Veränderungen
- AUFSCHIEBERITIS® – Wie Du Dich und Deine Gewohnheiten in den Griff bekommst
- KLARTEXT – Geheimnisse erfolgreicher Kommunikation
- KÖRPERSPRACHE – Die Zunge lügt, der Körper nie

Kontaktdaten

E-Mail: presse@danielhoch.com
Web: www.danielhoch.com
Telefon: 0341 22814045

Veröffentlichungen
von Daniel Hoch

MINDPUNK®
Denken und Leben für neue Götter

Die Veränderungen da draußen sind rasant und chaotisch: Die neue Welt prallt auf das alte Denken und es gibt einen gewaltigen Clash! Human (R)Evolution – Krieg der Werte und Generationen. Darwin ist out. Was hilft, ist ein Paradigmenwechsel ohne Wenn und Aber, denn Changemanagement ist tot und Veränderung funktioniert nicht mehr.

Auf ernsthafte und zugleich charmante Art zeigt Daniel Hoch, wie jeder Mensch zum MINDPUNK® wird: Welche Prinzipien in Zeiten des Wandels von Kulturen, Werten und Generationen immer wichtiger werden und wie wir sie leben. Er inspiriert mit Einblicken in seine persönliche Entwicklung und mit Momenten aus dem Leben – für das Leben. Für alle.

ISBN Hardcover: 978-3-948767-04-4
ISBN E-Book: 978-3-948767-05-1
ISBN Hörbuch: 978-3-948767-06-8

Preis: 29,99 €

CHECK YOUR LIFE!
Fragen für Dich & Dein Leben

Viele Menschen wünschen sich ein Leben, das mehr ihrem Sinn entspricht. Nur irgendwie klappt es nicht. Um der eigenen Lebensvision Stück für Stück näher zu kommen, braucht es Selbstreflexion. Denn die Gründe, warum wir noch nicht das Leben führen, von dem wir träumen, liegen immer in uns, im Selbst.

Um Deine Antworten des Lebens zu finden, stellt Dir Daniel Hoch in seinem Workbook „CHECK YOUR LIFE! Fragen für Dich & Dein Leben" 99 tiefgreifende und zum Teil provokante Fragen, die Dir helfen, Dich intensiv und nachhaltig zu reflektieren. Mit CHECK YOUR LIFE! entfaltest Du neue, bisher unentdeckte Potenziale, findest mehr Deinen Sinn und gewinnst Klarheit darüber, wie Du Dein Leben erfüllender er-schaffst und gestaltest.

ISBN Paperback: 978-3-948767-00-6
ISBN E-Book: 978-3-948767-01-3
ISBN Hörbuch: 978-3-948767-41-9

Preis: 24,99 €

TUN®
Am Ende zählt nur das Ergebnis, nie die Ausreden.

Die Buchinhalte sind Ihr täglicher Ratgeber gegen die „Aufschieberitis®", um die privaten und beruflichen Ziele definitiv und sinnvoll zu erreichen. Die Rezepte beziehen sich nicht nur auf Ihr persönliches Handeln, sondern vor allem auf das unternehmerische und zielorientierte TUN®.

ISBN Paperback: 978-3-948767-02-0
ISBN E-Book: 978-3-948767-03-7
ISBN Hörbuch: 978-3-948767-40-2

Preis: 24,99 €

AUFSCHIEBERITIS® –
Die Volkskrankheit Nr. 1

In der zweiten Auflage dieses Buches erfahren Sie alles über Ursachen, Symptome sowie schwerwiegende Nebenwirkungen der Volkskrankheit „Aufschieberitis".

Lesen Sie, wie Sie mit dieser scheinbar harmlosen, aber auf weite Sicht lebensbedrohliche Diagnose umgehen. Nutzen Sie Daniel Hochs neue Erfolgsrezepte, um die Krankheit zu besiegen und schützen Sie sich vor erneuter Ansteckung! Die zweite Auflage überzeugt durch neue Erkenntnisse, aktuelle Studien und Interviews: Damit bezwingen Sie Ihren Schweinehund garantiert!

ISBN Paperback: 978-3-948767-07-5
ISBN E-Book: 978-3-948767-08-2
ISBN Hörbuch: 978-3-948767-98-3

Preis: 19,99 €

AUFSCHIEBERITIS®
bei Führungskräften

In diesem Buch erkennen Sie Ursachen, Symptome und schwerwiegende Nebenwirkungen der „Volkskrankheit Aufschieberitis® bei Führungskräften". Nutzen Sie die Erfolgsrezepte der beiden Führungskräfte-Coaches Daniel Hoch und Christine Carus für Ihren eigenen Führungsalltag. Bezwingen Sie mit den Erkenntnissen Ihren Schweinehund und handeln Sie!

ISBN Paperback: 978-3-948767-09-9
ISBN E-Book: 978-3-948767-10-5
ISBN Hörbuch: 978-3-948767-46-4

Preis: 19,99 €

AUFSCHIEBERITIS®
bei Studenten

In diesem Buch erkennst Du Ursachen, Symptome und schwerwiegende Nebenwirkungen der „Aufschieberitis®" bei Studenten. Nutze meine Erfolgsrezepte als Führungskräfte- und Mental Coach für Deinen Studentenalltag. Bezwinge mit diesen Erkenntnissen und Rezepten Deinen Schweinehund!

ISBN Paperback: 978-3-948767-11-2
ISBN E-Book: 978-3-948767-12-9
ISBN Hörbuch: 978-3-948767-47-1

Preis: 14,99 €

Leadership Bibel
Klarheit und Souveränität in der Führung

Souveräne Führung hat zwei wichtige Zielsetzungen: Einerseits das wirtschaftliche Ergebnis, also die Zahlen, Daten, Fakten und andererseits die Erfüllung der menschlichen Bedürfnisse aller Teammitglieder, um produktiv mit Freude zu arbeiten. Eine souveräne Führungskraft vereint beides und entwickelt ein prinzipienorientiertes Führen auf Basis der Eigenverantwortung jedes Teammitglieds. So schöpfen Sie die Potenziale des gesamten Teams aus und schaffen Arbeitsfreude in einem innovativen Füreinander.

Daniel Hoch zeigt Ihnen in der „Leadership Bibel", wie Sie durch Prinzipien moderner Führung mehr Klarheit und Souveränität schaffen. Sie erfahren, wie Sie sich als Führungskraft optimal organisieren und lernen, wie Sie erfolgreich und klar kommunizieren. Er-schaffen Sie ein völlig neues Arbeitsgefühl für Ihr Team und für Sie selbst.

ISBN Paperback: 978-3-948767-23-5
ISBN E-Book: 978-3-948767-24-2
ISBN Hörbuch: 978-3-948767-37-2

Preis: 14,99 €

Meeting Bibel
Quickie oder Orgie?
Rezepte für perfekte Meetings

Meetings. Jeder kennt sie, keiner liebt sie. Kein Wunder, wenn sie zu ewig langen und einschläfernden Veranstaltungen werden, bei denen nichts herauskommt. Durch schlecht organisierte Meetings verschwenden Sie Energie, Zeit und Geld. Das Potenzial, das im gemeinsamen Austausch steckt, geht meist verloren. Als Führungskraft ist es Ihre Aufgabe, genau dem entgegenzuwirken. Auf provokante Art zeigt Ihnen Daniel Hoch in der „Meeting Bibel" innovative Prinzipien und eine in der Praxis erprobte neue Meetingkultur. Durch wirkungsvolle Rezepte und kreative Tipps zeigt er Ihnen, wie Sie mit simplen Kniffen und Tricks die Qualität Ihrer Meetings sofort enorm steigern. Nicht nur Sie werden beim Lesen der „Meeting Bibel" schmunzeln, sondern auch Ihre Meetingpartner.

ISBN Paperback: 978-3-948767-21-1
ISBN E-Book: 978-3-948767-22-8
ISBN Hörbuch: 978-3-948767-99-0

Preis: 14,99 €

Sales Bibel – Die heilige Schrift
für erfolgreiche Verkäufer im Einzelhandel

Was macht den professionellen Verkäufer aus? Talent? Einsatz? Know-how? Die Antworten gehen von den Grundlagen im Denken bis hin zu extrem treffsicheren Geheimtipps. Aus vielen Strategien, Rezepten und Ideen ist dieses Handbuch entstanden, das als Standardwerk für den Verkauf dient, um eine Top-Performance zu erreichen.

ISBN Paperback: 978-3-948767-19-8
ISBN E-Book: 978-3-948767-20-4
ISBN Hörbuch: 978-3-948767-45-7

Preis: 14,99 €

Sprücheklopfer?
Inspiration durch Provokation
SPECIAL EDITION 1

Daniel Hoch kennt keine Tabus und haut raus, was sonst keiner sagt – dazu gehören auch bitterböse Wahrheiten. Die Sau muss einfach mal rausgelassen werden, denn, wann darf sie das im Alltag schon mal? Die teuflische Variante, die schwarze Edition, enthält 52 Sprüche, die es in sich haben. Sie fordern Dich heraus und inspirieren Dich dazu, Dein Denken zu hinterfragen. Dafür sind Gedanken, Gewohnheiten und Situationen, die Du kennst, teilweise überspitzt, bösartig und satirisch dargestellt. Manche brauchen es einfach ein bisschen härter, um ihren Allerwertesten zu bewegen und den Kopf zum Denken anzuschmeißen. Für genau diese Menschen ist die SPECIAL EDITION der Sprücheklopfer gedacht.

Sprücheklopfer? – Inspiration durch Provokation · SPECIAL EDITION 1

ISBN Hardcover: 978-3-948767-31-0
ISBN E-Book: 978-3-948767-32-7
ISBN Hörbuch: 978-3-948767-38-9

Preis: 14,99 €

Zeitfracht Medien GmbH
Ferdinand-Jühlke-Straße 7
99095 Erfurt, Deutschland
produktsicherheit@kolibri360.de